Cultivando
el bienestar
de su hijo

Cultivando el bienestar de su hijo

PRIMARIA INICIAL

Trisha DiFazio • Allison Roeser

Créditos de la publicación
Corinne Burton, M.A.Ed., *Presidenta* y *Editora en jefe*
Aubrie Nielsen, M.S.Ed., *Vicepresidenta ejecutiva de desarrollo de contenido*
Kyra Ostendorf, M.Ed., *Editora de libros profesionales*
Véronique Bos, *Vicepresidenta de desarrollo creativo*
Christine Zuchora-Walske, *Gerenta editorial sénior*
Alyssa Lochner, *Editora sénior de producción*
Ryan Scheife, *Diseñador gráfico*

Créditos de las imágenes
Todas las imágenes son de Adobe Stock, iStock y/o Shutterstock.

Datos de catalogación en la publicación de la Biblioteca del Congreso
LCCN: 2025012805

Una división de Teacher Created Materials
5482 Argosy Avenue
Huntington Beach, CA 92649-1039
www.tcmpub.com/shell-education
ISBN 979-8-3309-1375-6
© 2025 Shell Educational Publishing, Inc.
Printed by: 590835
Printed in: Taiwan

El lector puede reproducir copias de los materiales de este libro únicamente para su uso doméstico. Se prohíbe estrictamente la reproducción de cualquier fragmento para otro tipo de distribución. Ninguna parte de esta publicación puede ser transmitida, almacenada o grabada en ninguna forma sin la autorización escrita de la editorial.

Las direcciones de los sitios web que se incluyen en este libro son de dominio público y pueden estar sujetas a cambios o modificaciones del contenido después de la publicación de este producto. Shell Education no se responsabiliza por la exactitud o relevancia y pertinencia futuras de las direcciones web incluidas en este libro. Por favor, contacte a la empresa si encuentra cualquier dirección web inapropiada o incorrecta, y serán corregidas en las reimpresiones del producto.

Todas las compañías, sitios web y productos que se mencionan en este libro son marcas registradas de sus respectivos dueños o desarrolladores, y se usan en este libro estrictamente con propósitos editoriales. El autor o los autores, o la editorial, no hacen ninguna reclamación comercial sobre su uso.

Este libro está dedicado a los padres, las madres, los tutores, las tutoras, los cuidadores y las cuidadoras que realizan la invaluable tarea de cuidar a los niños y las niñas "desde el corazón".

Agradecimientos

TD: Gracias a mis padres, Peggy y Rocki DiFazio, y a mis suegros, Jan y Ken Chapman, por todo su amor y apoyo. Un agradecimiento especial a mi maestra favorita de todos los tiempos: mi esposa, Karen Smith DiFazio. Por último, pero no menos importante, gracias a mi coautora, Allison Roeser, por ser una de las mejores madres y amigas que conozco.

AR: En primer lugar, gracias a Trisha DiFazio por ser una persona con una visión tan extraordinaria y la coautora de este libro, y por brindar un momento de humor cuando más se lo necesita. Gracias a mi padre, John Roeser, y a mi madre, Deb Roeser, y a mis hermanos y hermanas, a mi familia política y a mis queridos amigos y amigas, por su cuidado y amabilidad. Esto no hubiera sido posible sin Nathan y Luca, quienes me dieron la posibilidad de ser madre. Un gran agradecimiento a Sean por brindarme siempre su apoyo.

Gracias infinitas a todas las maravillosas personas de Teacher Created Materials y de Shell Education, especialmente a Christine Zuchora-Walske y Aubrie Nielsen, por hacer posible este libro.

Contenidos

Introducción 1

Capítulo 1 Confíe en usted: el autocuidado parental 3

Capítulo 2 Primero lo primero: comida, agua, sueño y movimiento 13

Capítulo 3 Explore las emociones: una guía para comprenderlas 23

Capítulo 4 Cree conexiones: construir la relación con su hijo 35

Capítulo 5 Los errores como oportunidades: fomentar una mentalidad de crecimiento 43

Capítulo 6 El uso de la tecnología: ayudar a los niños con las pantallas y los dispositivos 49

Acceso a los recursos digitales 59

Acerca de las autoras 61

Introducción

¿Alguna vez ha deseado que la crianza fuera un poco más fácil? ¿Siente agotamiento y estrés por las demandas interminables? Afrontémoslo: ser padre o madre es una experiencia increíblemente gratificante, pero también implica un gran desafío. Creamos este libro pensando en usted, para ayudar a aligerar la carga.

Admiramos y apreciamos todo lo que implica la crianza hoy en día. Nuestros años de experiencia en la educación y el apoyo a las familias, sumados a nuestra vivencia personal en la crianza, nos han demostrado una y otra vez la importancia de los aspectos sociales y emocionales en la vida diaria. No importa en qué lugar de Estados Unidos estemos dando capacitaciones, todo se reduce a esto: cuando nos enfocamos en los vínculos y el bienestar, ayudamos a los niños, a las niñas y a los adultos a crecer, a tener un sentido de pertenencia y a evolucionar.

En este libro, ofrecemos apoyo e ideas para simplificar la aventura de la crianza, a través de actividades y ejemplos enfocados en lo social y lo emocional, que sean de interés tanto para los padres y las madres, como para los niños y las niñas. Nos hemos enfocado especialmente en dar apoyo no solo a los niños y a las niñas, sino también a usted, el adulto. Al final de cada jornada, uno de los mejores regalos que los padres pueden dar a sus hijos es ser adultos equilibrados.

Cómo aprovechar al máximo este libro

Cada capítulo ofrece consejos, ideas y actividades diseñados para darle apoyo a usted y a su hijo o hija. Hemos diseñado este libro de manera flexible, para que pueda comenzar desde la primera página y leerlo de corrido, o bien saltar directamente a los capítulos que le resulten más relevantes en ese momento. Por ejemplo, si siente que el tiempo frente a las pantallas se ha convertido en una lucha constante, consulte el capítulo 6, "El uso de la tecnología". Si, en cambio, busca nuevas formas de vincularse con su hijo o hija, le recomendamos revisar el capítulo 4, "Cree conexiones". Dicho esto, usted también necesita de cuidados como padre, madre, cuidador, cuidadora o responsable. Por esta razón, le sugerimos comenzar por el primer capítulo, "Confíe en usted", que ofrece ideas para cuidarse en el día a día.

Si completa las evaluaciones personales, responde las preguntas para reflexionar, sigue los consejos y lleva a cabo las actividades que le proponemos, podrá sacar el mayor provecho de este libro. Siéntase libre de usar este recurso como un libro de actividades: anote lo que le funcione y añada sus propias ideas. Además, hemos incluido versiones digitales de las evaluaciones, así como varias actividades que puede descargar. (Las instrucciones para la descarga se encuentran en la página 59). Si le interesa profundizar aún más, encontrará información relacionada con la ciencia y la investigación en los recuadros destacados.

Este libro está pensado para cualquier padre, madre o responsable de la crianza. La educación es un viaje particular para cada persona y cada familia, no existe un enfoque único que pueda abarcar todos los casos. Lo que podría funcionar para un niño, podría no hacerlo para otro. ¡Usted es quien conoce mejor a su hijo o hija! No estamos aquí para decirle cómo hacer las cosas, sino para ofrecerle ideas que puedan servirle de guía a lo largo del camino. ¡Usted puede lograrlo!

Capítulo 1

Confíe en usted
El autocuidado parental

La crianza no se trata de la perfección, sino del progreso. Como padre o madre, es inevitable que cometa errores. Y está bien. La crianza es algo caótico. No existe una única manera "correcta" de ser padre o madre. Puede que las redes sociales hagan parecer que cada momento de la crianza es fácil y divertido, pero, por supuesto, esto no es verdad.

Todos los padres quieren lo mejor para sus hijos. La realidad es que lo mejor que se puede ofrecer a un hijo es ser un adulto tranquilo y presente. Sin embargo, ser una persona tranquila y presente es más fácil decirlo que hacerlo. Esto requiere que cuide de usted mismo. Y cuando los niños ven que quienes los cuidan también se cuidan a sí mismos, sienten la confianza para hacer lo mismo. **Cuidar de uno mismo no es egoísmo; es una necesidad.**

Depósitos y retiros

Como padre o madre, su energía es fundamental. Una forma útil de conservarla es hacerse esta pregunta: "¿Se trata de un depósito o de un retiro?".

¿Qué significa esto?

Piense en las actividades diarias como depósitos y retiros. Los depósitos son aquellas cosas que le dan energía, mientras que los retiros son las que se la quitan. Cada actividad requiere cierta cantidad de energía, desde ir al trabajo hasta limpiar la casa. En ese sentido, los retiros son parte inevitable de la vida. Sin embargo, cada persona es diferente, y lo que es un depósito o un retiro puede variar de una persona a otra.

Por ejemplo, a alguien le puede encantar preparar la cena porque le da alegría. Para esa persona, involucrarse en una actividad que disfruta sería un depósito, aunque sea una tarea necesaria. Sin embargo, a otra persona puede no gustarle preparar la cena y sentirlo como un quehacer más en su lista de pendientes. En ese caso, sería un retiro.

Podemos hacer una gran diferencia si realizamos pequeñas inversiones a lo largo del tiempo. El objetivo es comprender cómo le afectan a usted estas actividades diarias, para poder enfocarse en realizar la mayor cantidad posible de depósitos. Tendrá más oportunidades de hacer depósitos si se reserva tiempo para ello.

Alcancía parental

Utilice la alcancía parental para identificar las actividades que le dan energía. Esto le proporcionará una imagen que puede servir como recordatorio a lo largo del día. En los recursos digitales, hay una versión disponible para completar.

Tomar una siesta
Salir a caminar
Escuchar mi música favorita
Ver mi programa favorito
Hablar con un amigo o una amiga

Siempre ocupados

El ajetreo constante de la crianza puede hacerle olvidar una verdad importante: **A veces, descansar es lo más productivo que puede hacer.** Así es. Lea esa oración una vez más.

Sabemos que encontrar tiempo para descansar durante un día agitado puede parecer algo imposible. Pero el hecho de que no pueda tomar una siesta de treinta minutos no significa necesariamente que no pueda tomar un descanso de diez minutos, ¿verdad?

> El estrés afecta el sistema nervioso y pone al cuerpo en un modo de respuesta de "lucha o huida". Esta respuesta libera un exceso de hormonas del estrés, llamadas cortisol y adrenalina, lo que hace aún más difícil mantener la calma.

Hacer planes

Es más fácil hacer depósitos cuando los planifica. En el ejemplo que sigue, se ha reservado tiempo para realizar varios depósitos. Eche un vistazo a su agenda de esta semana. ¿Dónde hay tiempo para hacer

Esta semana

Lunes
9:00 a. m. Reunión
1:30 p. m. Dentista
3:30 p. m. Salir a caminar ✓
6:00 p. m. Recoger a los niños

Martes
8:00 a. m. Preparar refrigerio
11:00 a. m. Reunión de padres
5:30 p. m. Recoger a los niños

Miércoles
9:00 a. m. Llamar a un amigo ✓
5:00 p. m. Ir de compras

Jueves
7:30 a. m. Compartir el carro para la escuela
3:00 p. m. Lavar la ropa
5:30 p. m. Preparar la cena

Viernes
8:30 a. m. Reunión de padres y maestros
12:00 p. m. Anotarse para el campamento de verano
5:30 p. m. Recoger a los niños

Sábado
10:00 a. m. Práctica de fútbol
2:00 p. m. Descansar o tomar una siesta ✓

Domingo
Visitar a los abuelos
8:00 p. m. Ver un programa ✓

Confíe en usted • El autocuidado parental

depósitos? ¿O hay formas de reducir algún retiro? Por ejemplo, ¿puede pedir ayuda con la cocina o con la limpieza?

Estrés

El estrés es parte de la vida y puede representar un gran retiro para los padres. Cuanto mayor es el estrés, menos paciencia se tiene para lidiar con los desafíos de la crianza en el día a día. Que usted pueda manejar su estrés no significa que no habrá días complicados o que no perderá la paciencia. Sin embargo, manejar el estrés le dará la energía que necesita para estar presente y ser el padre o la madre que desea ser. Además, ser un modelo a seguir es la mejor manera de enseñar a los niños a manejar el estrés.

> Los niveles elevados de estrés se correlacionan con una disminución de la función inmunológica, mayor inflamación, menos sueño y un deterioro de la salud en general.

No necesita ocultar su estrés a su familia. Por el contrario, los niños y las niñas se benefician al observar cómo el adulto enfrenta el estrés de forma saludable.

El primer paso para manejar el estrés es comprender su origen. Reflexione sobre las preguntas de la "Evaluación personal del estrés" que encontrará en la página siguiente para identificar qué es lo que le causa estrés. En los recursos digitales, encontrará una versión de esta evaluación para descargar.

Evaluación personal del estrés

¿En qué momentos se siente estresado o estresada?

¿Qué tipo de situaciones le producen estrés?

¿Qué está haciendo hoy en día para manejar su estrés?

Consejos para manejar el estrés

No existe una recomendación para reducir el estrés que abarque todos los casos. Cada persona es diferente, por lo que es importante encontrar lo que funcione mejor para usted. Cada una de las actividades que siguen las puede realizar por su cuenta o junto con su hijo o hija.

RESPIRE

Cuando parece que la vida se está moviendo muy rápido, respirar profundamente puede ayudar a pisar el freno. La respiración es una de las formas más efectivas y poderosas de relajar el cuerpo. Puede practicar la respiración consciente en el carro, en casa o en la tienda.

Un ejemplo de respiración consciente es la respiración cuadrada. Inténtelo. Imagine un cuadrado en su mente y vaya recorriéndolo a medida que respira. Inhale durante cuatro segundos, retenga durante cuatro segundos, exhale durante cuatro segundos y descanse durante cuatro segundos.

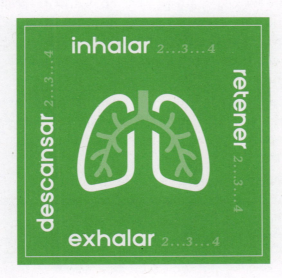

REGISTRE SU CUERPO

Siéntese cómodamente, inhale profundamente a través de la nariz y exhale por la boca. Cierre los ojos mientras exhala. Haga un recorrido mental por su cuerpo, desde la parte superior de la cabeza hasta los dedos de los pies. Identifique las zonas que se sienten incómodas o que necesitan un cuidado especial. Asígnele un color a ese estrés o a esa tensión. Ahora imagine un gran imán que extrae el estrés de su cuerpo.

MUEVA EL CUERPO

Sí: caminar, correr y practicar yoga son excelentes maneras de mover el cuerpo. Pero también puede ser eficaz realizar pequeños movimientos y estiramientos. Pueden ser tan sencillos como rotar los hombros o aflojar la mandíbula. Moverse es una gran forma de hacer un depósito durante un día ajetreado.

PIDA AYUDA

Es cierto aquello de que la crianza es una tarea comunitaria. La crianza puede ser algo mucho más sencillo cuando se puede conversar con alguien. **Pedir ayuda no es un signo de debilidad; es un signo de fortaleza.**

Algunas ideas:

- Vincúlese con amigos, amigas y/o con la familia.
- Relaciónese con otros padres y madres.
- Explore los recursos disponibles en su distrito escolar o comunidad (escuelas, hospitales, centros sociales).
- Únase a grupos de apoyo en línea para padres y madres.
- Siga cuentas en las redes sociales que aborden temas sobre la crianza.

Las redes sociales pueden ser útiles para obtener ideas y apoyo sobre la crianza, pero también pueden ser dañinas. Tenga en cuenta estas cuestiones si decide usar las redes sociales para obtener consejos sobre la crianza:

- ¿El contenido retrata un estilo de vida irreal?
- ¿La cuenta comparte solamente imágenes "perfectas" (editadas)?
- ¿El mensaje le hace sentir miedo o vergüenza?

- ¿La persona tiene calificaciones o investigaciones confiables que respalden su mensaje?
- ¿Le están vendiendo algo?
- Después de leer el contenido, ¿se siente mal consigo mismo/a?

De la misma manera, los grupos de apoyo en línea son más útiles cuando tienen normas claras y están bien moderados. Preste atención a cómo funciona el grupo, cuáles son los acuerdos de funcionamiento y si el contenido y el entorno son comprensivos.

REESTRUCTURE SUS PENSAMIENTOS

Sus pensamientos le dan forma a su jornada. Ser consciente de sus pensamientos es el primer paso para comenzar a hacer depósitos mentales. Reestructurarlos es, sencillamente, verlos desde un punto de vista diferente. Esta es una habilidad que, con la práctica, tendrá un gran beneficio.

Algunas ideas sencillas de reestructuración:

En lugar de:	Intente:
¡Estoy fallando como padre/madre!	Estoy aprendiendo a ser padre/madre.
¡Soy un desastre!	Soy humano.
¡No puedo hacerlo!	Puedo hacer cosas complicadas.
¿Por qué está sucediendo esto?	¿Qué puedo aprender de esto?
Solo quiere atención.	Está buscando vincularse.
Me está complicando las cosas.	Está pasando por un momento difícil.

ENFÓQUESE EN LO QUE PUEDE CONTROLAR

Su tiempo y energía son valiosos. Si se preocupa por cuestiones que no puede controlar, eso es un retiro, porque le quita mucha energía. ¡Es probable que usted esté haciendo esto todo el tiempo sin siquiera notarlo! Es totalmente normal. Por ejemplo, le podría preocupar que otros juzguen sus decisiones como padre o madre. Pero los pensamientos u opiniones de los demás no se pueden controlar. Si se enfoca en lo que puede controlar, podrá usar su energía para realizar depósitos.

Bajo mi control:	Fuera de mi control:
Mis acciones	El pasado
Mis objetivos	El futuro
Dónde pongo mi atención	Las creencias de otras personas
Cómo me hablo	Las opiniones de otras personas
Cómo hablo a los demás	Las reacciones de otras personas
Qué escucho y qué observo	El comportamiento de otras personas

PRACTIQUE LA PAUSA

En términos de depósitos, practicar la pausa vale oro. Es como pulsar un botón de pausa imaginario que puede ayudar a la mente y al cuerpo a serenarse cuando se experimentan emociones intensas. Tomarse un momento para hacer una pausa puede marcar una gran diferencia entre tener una reacción exaltada y ofrecer una respuesta calmada. La próxima vez que sienta llegar una emoción intensa, inhale profundamente tres veces y practique la pausa.

SEA EL MEJOR AMIGO DE USTED MISMO

Imagine que su mejor amigo llegó tarde para recoger a sus hijos en la escuela. ¿Qué le diría? Ahora, imagine que es usted quien llega tarde a recoger a su hijo o hija. ¿Qué se diría a usted mismo?

Los padres, a menudo, suelen ser muy críticos consigo mismos. Para asegurarse de que no está siendo demasiado duro consigo mismo, hágase estas preguntas:

- ¿Me perdono cuando cometo un error?
- ¿Soy flexible cuando las cosas no salen perfectas?
- ¿Permitiría que alguien le hable así a mi mejor amigo?

Cultivando el bienestar de su hijo • Primaria inicial

Una de las mejores maneras de darle apoyo a su hijo o hija es mostrarse como un adulto paciente y tranquilo. Sin duda esto es más fácil decirlo que hacerlo. Para mejorar su propio bienestar, debería empezar por aprender a manejar su propio estrés. Si se toma un tiempo para sí mismo, tanto usted como su hijo o hija se beneficiarán. En un mundo de retiros, ¡también merece hacer depósitos!

Capítulo 2

Primero lo primero
Comida, agua, sueño y movimiento

Cuando tenga dudas, vuelva a lo básico. Lo esencial para la salud y el bienestar general es: comida, agua, sueño y movimiento. Es fácil pasar por alto el impacto profundo que tienen estas necesidades básicas en nuestra vida diaria. Satisfacer necesidades tan simples como comer y dormir puede ser un desafío, incluso para los padres. **Cuando su hijo o hija esté pasando por un momento difícil, asegúrese de que estén cubiertas sus necesidades básicas.**

Los niños adquieren hábitos observando a quienes los rodean. Una excelente forma de ayudarlos a desarrollar hábitos saludables es servir de ejemplo. Cubrir las necesidades básicas comienza con los adultos. Realice la siguiente evaluación para hacer un chequeo personal. (En los recursos digitales, encontrará una versión para descargar). Luego, continúe leyendo para conocer otras formas de dar apoyo a su hijo o hija.

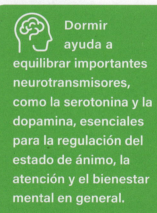

Dormir ayuda a equilibrar importantes neurotransmisores, como la serotonina y la dopamina, esenciales para la regulación del estado de ánimo, la atención y el bienestar mental en general.

 Evaluación parental: volver a lo básico

¿Consume alimentos que nutren su cuerpo?

¿Ejercita o mueve su cuerpo durante el día?

¿Duerme lo suficiente?

¿Bebe suficiente agua durante el día?

Dormir

El cerebro y el cuerpo necesitan dormir para funcionar adecuadamente. **Los niños pueden mostrar lo mejor de sí mismos cuando duermen lo suficiente.** Los niños de entre tres y cinco años de edad necesitan de diez a trece horas de sueño por noche. Entre los seis y los doce años de edad, de nueve a doce horas. Los adolescentes de trece a catorce años necesitan de ocho a diez horas de sueño por noche.

De 3 a 5 años — 10 a 13 horas
De 6 a 12 años — 9 a 12 horas
De 13 a 14 años — 8 a 10 horas

Fuente: Paruthi, Shalini, Lee J. Brooks, Carolyn D'Ambrosio, Wendy A. Hall, Suresh Kotagal, Robin M. Lloyd, Beth A. Malow, et al. 2016. "Recommended Amount of Sleep for Pediatric Populations: A Consensus Statement of the American Academy of Sleep Medicine." *Journal of Clinical Sleep Medicine* 12 (6): 785–786. doi.org/10.5664/jcsm.5866.

Dormir mejora muchos aspectos de la vida, entre ellos:

- La atención
- El comportamiento
- El aprendizaje
- La memoria
- La salud mental
- La salud física

No siempre es fácil conciliar el sueño y dormir sin interrupciones. En la página siguiente le damos algunos consejos para que su hijo o hija descanse lo suficiente.

5 consejos para la hora de dormir

Establezca un horario para ir a dormir
Establezca una hora para ir a dormir y respétela. Esto ayudará a su hijo o hija a anticipar el momento del descanso y a seguir una rutina de sueño. La constancia le permitirá asegurarse de que reciba el descanso necesario.

Rutina para relajarse
Para que su hijo o hija reconozca que ha llegado la hora de ir a dormir, es útil realizar una actividad predecible todas las noches. Por ejemplo, pueden incluirse actividades como tomar un baño, ponerse el pijama, cepillarse los dientes, leer o tener un momento para relajarse, y luego ir a la cama.

Limite el tiempo de uso de las pantallas
¿Sabía que la luz que emiten las pantallas hace más difícil dormirse? La luz le hace creer al cerebro que es de día, por lo que no ayuda a prepararse para dormir. Para que su pequeño pueda descansar, es útil apagar los televisores, las tabletas y otros dispositivos con pantallas.

Evite la cafeína
Evite dar bebidas o comidas con cafeína a su hijo o hija, sobre todo antes de ir a la cama. Tenga en mente que, además de los refrescos y del té, la cafeína también se encuentra en las bebidas energizantes, las barras energéticas y el chocolate.

Hágalo acogedor
Atenúe las luces y haga que la habitación permanezca lo más fresca posible. Pregunte a su hijo o hija qué le brinda mayor comodidad: tal vez sea su manta favorita, su peluche preferido o dejar la puerta ligeramente entreabierta. Ayúdelo a satisfacer cualquier necesidad que tenga, como ir al baño o tomar un vaso de agua, para que no tenga que levantarse una vez que ya esté en la cama.

Comer

La comida es un aspecto esencial en la salud de los niños. Si elegimos alimentos saludables y nutritivos, proporcionaremos el mejor combustible que necesita el cerebro y el cuerpo. Siempre es más fácil manejar las emociones y tomar buenas decisiones cuando se satisface esta necesidad básica.

Priorice estos alimentos para lograr una dieta completa y nutritiva:

- Verduras
- Frutas
- Carnes y aves
- Pescados y mariscos
- Huevos
- Legumbres: garbanzos, frijoles negros, lentejas, tofu, cacahuates
- Lácteos: leche, yogur, queso, kéfir
- Frutos secos: almendras, nueces, nueces de la India, nueces de Castilla, mantequillas de frutos secos
- Semillas: cáñamo, calabaza, sésamo, girasol, chía, mantequillas de semillas
- Cereales integrales: avena, quinoa, cebada, arroz, trigo integral
- Aceites saludables: oliva, aguacate, sésamo

Los niños pueden ser increíblemente selectivos con la comida. Es fácil sentir que se han agotado las ideas de opciones saludables. Además, puede ser un desafío tener alimentos saludables disponibles en todo momento. En la siguiente página, encontrará algunas sugerencias para facilitar una alimentación saludable para su familia.

> **La nutrición desempeña** un papel crucial en el desarrollo de la salud y las funciones cerebrales. Lo que comemos provee los nutrientes esenciales que nuestro cerebro necesita para su desarrollo adecuado, mantenimiento y rendimiento óptimo.

5 consejos para una alimentación más saludable

Planee con anticipación
Ya sea martes de tacos o domingo de sopas, planificar las comidas con anticipación puede ayudarle a ahorrar tiempo y dinero. Para facilitar el consumo de bocadillos saludables, guárdelos en el refrigerador o en la despensa en recipientes listos para llevar.

Disfrute las comidas en familia
Comer juntos en la mesa puede fortalecer el vínculo familiar y, además, le permite supervisar lo que está comiendo su hijo o hija.

Ofrezca opciones
Cuando se les da una opción, los niños sienten que tienen el control. Permítales elegir entre dos alimentos saludables, como una fruta o verduras cortadas.

Tenga frutas y verduras siempre disponibles
Cuando la opción saludable también es la más accesible, todo se hace más sencillo. Dejar un tazón de fruta en la encimera como un bocadillo fácil de tomar puede ayudar a reducir el consumo de opciones menos nutritivas, como papas fritas o dulces.

Que el agua sea la opción favorita
Fomente que el agua sea la primera opción para beber. Las bebidas azucaradas como los refrescos, los jugos de fruta y las bebidas deportivas deben ser la excepción, no la regla.

Beber

Beber agua ayuda a que el cuerpo trabaje mejor, ya que mantiene saludables a los huesos, las articulaciones y los dientes. Si se mantienen hidratados, los niños pueden mejorar el estado de ánimo, la memoria y la atención. La cantidad de agua necesaria para que se mantengan hidratados puede variar según algunos factores, como los niveles de actividad, la temperatura y la humedad. Estas son algunas pautas básicas para un día típico:

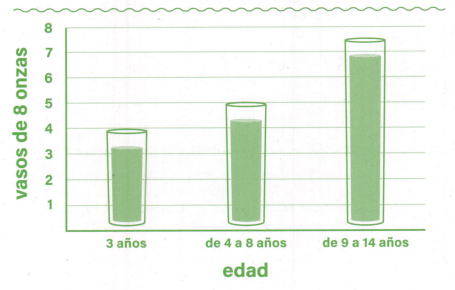

Fuente: Rethy, Janine. 2020. "Choose Water for Healthy Hydration." American Academy of Pediatrics HealthyChildren.Org. Actualizado el 27 de enero de 2020. healthychildren.org/English/healthy-living/nutrition/Pages/Choose-Water-for-Healthy-Hydration.aspx.

6 consejos para hidratarse

Empaque una botella de agua para su hijo/a.

Deje que elija su propio vaso.

Usen popotes o cubos de hielo divertidos.

Ofrézcale un vaso de agua al empezar el día.

Añada sabor con rodajas de pepino, limón, lima u otras frutas.

Beban agua juntos.

Moverse

Ya sea que su hijo esté lleno de energía o no, el movimiento es beneficioso para el desarrollo del cerebro y el cuerpo, mejora el estado de ánimo y libera el estrés. **Es más probable que los niños se muevan si realizan las actividades que les gustan.** Un niño podría querer aprender karate, mientras que otro preferiría bailar salsa. Anime a su hijo o hija a explorar lo que le interese.

A continuación, encontrará un juego de movimiento familiar. Para más actividades de movimiento, consulte el capítulo 4, "Cree conexiones".

> El movimiento ayuda a liberar neuroquímicos en el cerebro, lo que favorece el desarrollo de las habilidades motoras, sociales y cognitivas.

Tres en línea

Utilice la tarjeta de movimiento que se encuentra en la página siguiente (también disponible en los recursos digitales) para participar en este juego activo con su hijo, hija o con un grupo de niños (pueden jugar varios jugadores al mismo tiempo). El objetivo es lograr tres en línea en forma horizontal, vertical o diagonal. Cada jugador elige tres piezas o fichas, como monedas o papeles de colores, y luego decide qué acciones realizará para alinear las tres fichas. Cada acción se repite durante treinta segundos. Para prolongar la actividad, anime a los jugadores a completar la tarjeta realizando todas las acciones. El objetivo es moverse, desafiarse a sí mismos y divertirse juntos.

El sueño, el agua, la comida y el movimiento son aspectos fundamentales para la salud y el desarrollo de un niño. Cuando se satisfacen estas necesidades, los niños pueden concentrarse mejor en aprender, construir relaciones sólidas y manejar sus emociones. Sin embargo, es normal que sea un desafío lograr que estos aspectos de la salud sean interesantes y divertidos. Esperamos que las ideas de este capítulo hagan que satisfacer estas necesidades sea más divertido e inspirador, tanto para usted como para su hijo o hija.

Tres en línea

Primero lo primero • Comida, agua, sueño y movimiento

Capítulo 3

Explore las emociones
Una guía para comprenderlas

Las emociones son un conjunto de sensaciones corporales, pensamientos y acciones que surgen como respuesta a una situación. Las emociones son una reacción, que a su vez puede causar reacciones fisiológicas (en el cuerpo) y psicológicas (en la mente). Esta naturaleza circular de las emociones explica por qué, en ocasiones, las personas se dejan llevar por ellas, y esto ocurre con mayor facilidad en los jóvenes. Por eso, es importante que tanto los niños como sus padres comprendan las emociones y cómo estas afectan a los demás.

Como padre o madre, ¿cuándo fue la última vez que experimentó una emoción intensa? ¿Cómo la expresó?

No todas las personas se sienten cómodas al hablar de sus emociones. Sin embargo, tanto los niños como los adultos logran manejar mejor sus emociones cuando son capaces de identificarlas y expresar cómo se sienten. Puede ayudar a su hijo o hija creando un entorno en el hogar en donde las emociones se conversen, se nombren y se comprendan. **Cuando se sabe más, se puede actuar mejor.**

Los estados emocionales pueden mejorar o empeorar la función cerebral.

Seis hechos sobre las emociones

1. Las emociones van y vienen.
2. Las emociones nos dan información importante.
3. Es normal experimentar muchas emociones diferentes.
4. Reprimir las emociones puede tener un impacto negativo.
5. Los niños aprenden a expresar y manejar sus emociones observando a los adultos que los rodean.
6. Las emociones tienen un impacto en el cuerpo.

Pistas corporales

Las emociones pueden afectar a nuestro cuerpo de diferentes maneras. Por ejemplo, algunas personas pueden sentir la ansiedad en su estómago. Si un niño está ansioso y no tiene la capacidad de expresarlo, podría decir que le duele el estómago. Posiblemente note que, cuando se siente mentalmente bien, su cuerpo está relajado, revitalizado y tiene mayor capacidad de enfocarse. En cambio, cuando empieza a alterarse, puede notar que aprieta la mandíbula, que el corazón empieza a latir con fuerza o que comienza a sudar. Como padre o madre, es útil estar atento a estas señales y prestar atención a cómo sus propias emociones lo afectan físicamente. Si comprende cómo se manifiestan las emociones en su propio cuerpo, será más fácil reconocer cómo se manifiestan en el cuerpo de su hijo o hija.

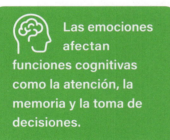

Las emociones afectan funciones cognitivas como la atención, la memoria y la toma de decisiones.

La importancia de identificar las emociones

Los padres que conversan con sus hijos sobre las emociones les ayudan a desarrollar su inteligencia emocional y a comprender mejor sus propios sentimientos. A menudo, los niños no saben cómo expresar lo que sienten. En lugar de eso, comunican sus emociones a través de su comportamiento. **Detrás de cada comportamiento hay una necesidad.**
 Por ejemplo, si un niño se siente ignorado, podría necesitar atención o conexión emocional. Pero si no tiene las palabras para expresar esa

necesidad, podría comportarse de una manera que asegure que no lo ignoren. Tal vez lance una silla, se corte el fleco o tenga una rabieta. El niño podría sentir que es mejor recibir atención por algo negativo que no recibir atención en absoluto. En lugar de que el niño reaccione de manera impulsiva en ese momento, puede ayudarlo a encontrar las palabras para expresar sus emociones. Aprender y mejorar estas habilidades de comunicación beneficiará a su hijo o hija a lo largo de toda su vida.

Nombre la emoción

Para conseguir que los niños hablen de sus emociones, puede usar el siguiente gráfico de "Las caras de las emociones" (también disponible en los recursos digitales). Señale cada una de las caras y describa la emoción que figura en la leyenda. Puede preguntarle a su hijo o hija cómo siente la emoción que se indica. ¿Cómo se siente cuando está feliz? ¿Y cuando está triste? Una vez que hayan conversado sobre las emociones, puede preguntarle: "¿Qué sientes ahora?" o "¿Qué te hace sentir feliz? ¿Y triste?".

Poner nombre a nuestras emociones nos ayuda a: Obtener ayuda, Ayudar a los demás, Actuar, Cuidarnos, Tomar mejores decisiones

Las caras de las emociones

feliz · triste · enojado · emocionada · temerosa · tímido

culposa · cansada · celosa · querida · esperanzado · aburrido

orgulloso · apenada · avergonzado · sorprendida

Control con emojis

Esta tabla de control (también disponible en los recursos digitales) ofrece una forma rápida y sencilla de hacer una verificación junto con los niños. Pida a su hijo o hija que comparta o señale el emoji que indica cómo se siente.

Manejar las emociones

El primer paso para manejar las emociones es identificarlas. Cuando reconoce qué es lo que está sintiendo, es más fácil lidiar con eso. Lo mismo sucede con su hijo o hija. Nadie nace sabiendo cómo manejar las emociones; es algo que las personas aprenden. ¡Puede ser difícil incluso para los adultos! Pero recuerde: como toda habilidad, se hace más fácil con el tiempo y la práctica.

Todos los sentimientos son válidos, pero no todos los comportamientos lo son. Si bien es normal experimentar emociones como el enojo, la frustración o la preocupación, a veces estas pueden llevar a comportamientos dañinos. Su objetivo debe ser comunicar su comprensión de las emociones, pero también dejar claro qué constituye un comportamiento seguro. Por ejemplo: "Está bien que estés enojado, pero no está bien que golpees a tu hermana".

> Las emociones intensas pueden disparar en el cerebro una respuesta de estrés. Cuando se activa la respuesta de estrés, al cerebro le cuesta más pensar en forma lógica.

Es común que los niños tengan emociones intensas y lloren. En esas situaciones, el llanto puede afectar también a los adultos. Habrá notado que decirle a alguien que se calme difícilmente surta efecto. De la misma manera, decirle a su hijo o hija que deje de llorar podría no ayudar a que deje de hacerlo. Estas son algunas otras frases que puede decir en ese momento:

- Eso dio miedo (o fue inesperado o triste).
- Está bien estar triste o molesto/a.
- Estoy aquí para escuchar cuando estés listo/a para hablar.
- Está bien llorar.
- Te quiero.
- Te escucho.
- Estoy aquí para ayudar.
- ¿Deseas un abrazo?

El objetivo de estas frases no es, en absoluto, enseñar a los niños a evitar las emociones difíciles, sino a aprender a vivir con ellas. Por ejemplo, su objetivo no debe ser enseñar a los niños a no enojarse nunca, sino a expresar y manejar ese enojo de una manera sana. Todos experimentamos una amplia gama de emociones. Ningún niño quiere tener una rabieta. No es divertido. Los comportamientos intensos son consecuencia de emociones intensas. Cuando los niños sienten emociones intensas, necesitan ayuda, no castigo. Una forma de ayudarlos a calmarse es ayudarlos a enfocarse en la respiración y los sentidos.

Cuenta regresiva para calmarse

Esta es una excelente manera de ayudar a los niños a calmarse o desestresarse, concentrándose en sus cinco sentidos. En un momento de emoción intensa, guíe a su hijo o hija a través de cada una de las indicaciones al pie de las imágenes que se encuentran a continuación.

Nombra cinco cosas que veas.

Nombra cuatro cosas que escuches.

Nombra tres cosas que huelas.

Nombra dos cosas que estés tocando.

Nombra una cosa que saborees.

Estrategias de respiración

Estas son algunas estrategias de respiración para manejar las emociones intensas. Ante todo, es bueno servir de ejemplo para su hijo o hija. Luego, pueden hacerlo juntos o por su cuenta. Practíquenlas juntos en los momentos de calma, para que ambos estén listos para usarlas cuando estén experimentando emociones intensas.

Huele las rosas, apaga las velas

Esta es una forma sencilla de mostrar a los niños cómo manejar y controlar la respiración. Haga que su hijo o hija inhale como si estuviera "oliendo rosas" y que luego exhale como si estuviera "soplando las velas" de una torta de cumpleaños. Puede hacerlo junto con su hijo o hija para dar el ejemplo.

Respiración del dragón

"Respirar como un dragón" es una manera divertida de liberar tensiones. Haga que su hijo o hija inhale profundamente por la nariz. Pídale que retenga el aire. Al exhalar, haga que abra bien los ojos y la boca, y que saque la lengua. También puede pedirle que muestre sus "garras" (manos).

Zumbido feliz

Haga que su hijo o hija cierre los ojos. Debe inhalar profundamente y luego emitir un zumbido al exhalar. Pídale que registre cómo las vibraciones del zumbido brindan una sensación de calma en el cuerpo.

Lugar feliz

Pida a su hijo o hija que cierre los ojos y respire de forma relajada. Diga: "Vas a construir un escondite imaginario en tu mente. Imagínate en un lugar tranquilo. Ahora, añade algunos detalles que te hagan feliz. Imagínate haciendo algo divertido, como volando o montando una ballena". Al terminar, pídale que se despida de su lugar feliz y recuérdele que siempre puede regresar allí.

La rueda de lo que me ayuda

Esta es una actividad que puede realizar junto con su hijo o hija cuando dispongan de un poco más de tiempo. Durante un momento de calma, pídale que identifique lo que le resulta útil en una situación de estrés. Seguramente necesitará ayuda para pensar en opciones. Siéntanse libres de crear su propia "rueda de lo que me ayuda". Un recordatorio visual es útil tanto para los niños como para los adultos.

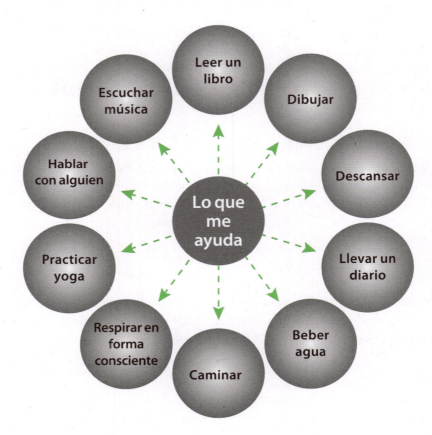

Arriba hay un ejemplo de una rueda completada. Su hijo o hija puede incorporar algunas de estas ideas, pero adaptadas a su necesidad. (A continuación, hay una versión para completar. También está disponible en los recursos digitales, en diferentes versiones con espacio para algunas o muchas respuestas).

Comienza con nosotros mismos

Los niños aprenden a manejar sus emociones al observar a los adultos que los rodean. Sin embargo, puede ser difícil evitar dejarse llevar por las emociones de los hijos. Los niños aprenden más de las acciones de sus padres que de sus palabras. Por eso, la mejor manera de ayudarlos a manejar sus emociones es, antes que nada, aprender a manejar las propias. En la página siguiente encontrará la "Evaluación parental para el manejo emocional". Seleccione la columna que describa mejor su situación actual en cuanto al manejo de sus emociones. (Esta tabla también está disponible en los recursos digitales).

✓ Evaluación parental para el manejo emocional

	No sé qué significa esto.	Estoy en eso, pero me vendría bien un poco de ayuda.	Soy muy bueno en esto.
Puedo identificar mis emociones.			
Puedo manejar mis emociones en forma efectiva.			
Poseo herramientas y estrategias que me ayudan durante los momentos difíciles.			

ALTO

Las emociones intensas pueden llevar a reacciones igualmente intensas. Hacer una pausa durante un momento de tensión lo ayudará a elegir cómo responder, en lugar de reaccionar de manera automática. Pruebe la siguiente estrategia de ALTO. Aunque hemos incluido esta estrategia para usted como padre o madre, también puede enseñársela a su hijo o hija.

A: Alto. Recuerde hacer una pausa.
L: Libere su respiración.
T: Tome conciencia de lo que siente o piensa en ese momento.
O: Opte por responder con calma, en lugar de reaccionar sin pensar.

Cuando los niños se sienten enojados o preocupados, sus cerebros tienen dificultad para enfocarse en aprender, razonar o pensar de manera lógica. Las relaciones sanas con los padres o cuidadores ayudan a los niños a desarrollar mejores habilidades para regular sus emociones. Es importante recordar que aprender a manejar las emociones lleva tiempo, y los cerebros necesitan ayuda para calmarse cuando enfrentan frustraciones o sentimientos intensos. Con las herramientas y prácticas adecuadas, tanto los niños como los adultos pueden aprender a identificar y manejar las emociones de forma efectiva.

Capítulo 4

Cree conexiones
Construir la relación con su hijo

A los niños les va mejor cuando se sienten conectados con los adultos. Al mismo tiempo, la crianza es un trabajo de tiempo completo. Es posible que sienta que su lista de cosas por hacer sea interminable. Es fácil distraerse y perder oportunidades para vincularse con su hijo o hija. La buena noticia es que el tiempo de calidad no tiene por qué ser caro ni consumir mucho tiempo. Lo que los niños desean es que sus padres les presten atención. Hágase las siguientes preguntas (también están disponibles en los recursos digitales) antes de revisar nuestras sugerencias.

> **Evaluación del vínculo entre padres e hijos**
>
> ¿De qué maneras le gusta vincularse con su hijo o hija?
>
> ¿Cómo le gusta a su hijo o hija pasar tiempo con usted?
>
> ¿Qué momentos del día o actividades diarias considera oportunidades para conectar con su hijo o hija? (Por ejemplo, durante las mañanas, después de la escuela, por la noche, durante las comidas, en los viajes en carro).

> Los lazos familiares fuertes, en particular durante la primera infancia, contribuyen al desarrollo de vínculos afectivos seguros. Los vínculos seguros están relacionados con un sentido de seguridad y confianza, lo que influye positivamente en el desarrollo cerebral.

Hablar

Hablar es una de las formas más rápidas y sencillas de conectarse con su hijo o hija. Ya sea que necesite ayuda para comenzar una conversación o la esté llevando adelante, aquí hay algunas ideas divertidas.

Verificación

Los niños no siempre saben cómo decir a los adultos de qué manera se sienten. A veces, incluso puede que ni siquiera sepan cómo se sienten respecto de algo hasta que se les pregunta.

DURACIÓN DE LA BATERÍA

El concepto de la duración de la batería ayuda a los niños a comprender su propio nivel de energía. Puede explicar que la "duración de la batería" significa cuánta energía tienen (física o emocional), en una escala de 0 a 100. Tan solo con preguntar: "¿Cuál es la duración de tu batería?", puede darse una idea de cómo se sienten.

ROSA, BOTÓN, ESPINA

Enseñe esta estrategia a su hijo o hija. Luego, puede hacer estas tres preguntas para tener una idea más detallada, o solo una si prefiere que la conversación sea breve.

- Rosa: ¿Qué fue algo bueno que ocurrió hoy?
- Botón: ¿Qué es algo que esperas con ilusión?
- Espina: ¿Qué te resulta difícil?

Conexiones rápidas

Estas preguntas para iniciar conversaciones pueden crear conexiones en el carro, en la fila del supermercado o durante las comidas.

PREGUNTAS PARA HACER EN LUGAR DE: "¿CÓMO ESTUVO TU DÍA?"

- ¿Qué te hizo sonreír o reír hoy?
- ¿Tuviste algún problema hoy?
- ¿Hay algo que quieras que sepa?
- ¿Qué fue lo que más te gustó de lo que hiciste hoy en la escuela?
- Si pudieras decidir con quién sentarte hoy en la escuela, ¿a quién elegirías?
- Si pudieras ser maestro o maestra por un día, ¿qué materia o qué tema elegirías para enseñar?
- Si tu estado de ánimo fuera un tipo de clima, ¿cuál sería? ¿Sería soleado, nublado, tormentoso o de otro tipo?

> Las relaciones afectuosas son esenciales para el desarrollo del cerebro. Sentirse vinculado puede estimular la atención y la memoria, y fortalecer las conexiones neuronales.

PREFERIRÍAS

Preferirías…

- ¿Poder volar o ser invisible? ¿Por qué?
- ¿Vivir en una casa o en un barco? ¿Por qué?
- ¿Conducir un coche de carreras o volar un helicóptero? ¿Por qué?
- ¿Ser presidente o un atleta profesional? ¿Por qué?
- ¿Comerte un insecto o un gusano? ¿Por qué?

Cree conexiones • Construir la relación con su hijo | 37

> La estimulación social es importante para la salud cerebral y la función cognitiva, y contribuye al desarrollo y mantenimiento de las redes neuronales.

Jugar

Los niños aprenden jugando. Es una de las mejores cosas que pueden hacer para crecer y desarrollarse. Jugar con su hijo o hija, aunque sea solo cinco minutos al día, fortalecerá su relación. Además, después de compartir tiempo juntos, los niños estarán más dispuestos a escuchar a sus padres. Estas son algunas de las formas en las que puede jugar con su hijo o hija:

- Jugar a su juego favorito
- Aprender un juego de cartas
- Hacer una búsqueda del tesoro
- Jugar a dígalo con mímica
- Jugar a las traes
- Ir al parque
- Hacer una caminata al aire libre
- Construir con ladrillos *Lego* o bloques
- Jugar al veo, veo
- Dibujar con tiza

Crear

A los niños les encanta ser creativos. Si les ofrece diferentes opciones para expresarse creativamente, podrán enfocar mejor su energía y, además, tendrán la oportunidad de hacer algo juntos. Estas son algunas sugerencias de actividades creativas:

- Pintar
- Cantar
- Cocinar u hornear
- Crear una cápsula del tiempo de la familia
- Hacer un desfile de moda
- Crear estructuras con malvaviscos y palillos
- Construir un fuerte
- Construir la torre más alta
- Soplar burbujas
- Fabricar aviones de papel

Moverse

A los niños les encanta moverse. Necesitan liberar su energía. Estas son algunas formas de ayudarlo a moverse sin arruinar los muebles:

- Jugar a la rayuela
- Jugar a el suelo es lava
- Jugar a luz roja, luz verde
- Jugar a Simón dice
- Caminar como animales
- Jugar a bailar y congelarse
- Jugar a las escondidillas
- Jugar al voleibol con globos
- Construir y completar un recorrido con obstáculos
- Brincar en los charcos

Relajarse

El descanso es esencial para la salud de los niños. Tanto los padres como los niños se benefician al tomarse momentos de pausa durante el día. Estas son algunas maneras de compartir tiempo juntos mientras se relajan:

- Jugar con juguetes
- Leer u hojear un libro
- Practicar la conciencia plena y hacer ejercicios de respiración
- Dibujar
- Colorear
- Escuchar música relajante
- Escuchar una historia o un pódcast
- Armar un rompecabezas
- Darle un baño al niño
- Ver un programa de televisión

Comenzar el día

Las rutinas matutinas que fortalecen el vínculo familiar ayudan a establecer el tono del día. Estas son algunas ideas para comenzar la mañana conectándose:

- Mostrar afecto
- Decir "buen día" y hacer contacto visual
- Hacer juntos algunas respiraciones profundas
- Ofrecer rascar la espalda
- Cantar una canción de buenos días o poner música relajante
- Desayunar juntos
- Ofrecer un vaso de agua

Terminar el día

Después de una jornada larga, las rutinas nocturnas que promueven la conexión ayudan a terminar el día de una manera enriquecedora y positiva. La hora de ir a la cama es una oportunidad maravillosa para compartir tiempo de calidad con su hijo o hija. En ese momento, las rutinas pueden resultar desafiantes, pero también ayudan a que el niño espere con ilusión el momento de ir a dormir, al verlo como una oportunidad para conectarse con usted. Estas son algunas ideas:

- Arroparlo
- Sentarse al lado de su cama
- Leer un cuento antes de dormir
- Hacer preguntas sobre algún tema que le guste
- Permitir que haga preguntas
- Hablar sobre algo que haya sucedido en el día
- Darle un beso, un abrazo o acariciar su espalda

Hacer arte con corazón

Pida a su hijo o hija que escriba o haga dibujos de las cosas que le gustan. **El objetivo es ayudar al niño a compartir lo que le gusta con la persona que quiere.** También puede hacer su propio arte en el corazón y compartirlo con su hijo o hija. Si lo prefiere, puede usar el formulario que se encuentra en la página siguiente (también disponible en los recursos digitales).

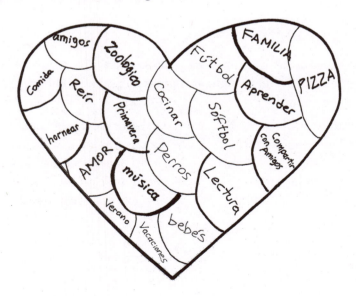

Arte con corazón

Instrucciones: Dibuje o escriba sobre algo que ame y valore dentro de la figura del corazón.

Dar rienda suelta a las ocurrencias

Por último, no tema soltarse un poco. Ya sea un saludo secreto o una fiesta para bailar durante treinta segundos, a los niños les encanta cuando los adultos dejan salir su lado más juguetón.

Los seres humanos están programados para conectarse entre sí. Las relaciones afectuosas son esenciales para el desarrollo de los niños. Vincularse de forma continua con su hijo o hija lo ayudará a sentirse más protegido, confiado y seguro. Recuerde: nadie consigue hacerlo bien todo el tiempo, así que pida ayuda cuando la necesite o simplemente tómese un respiro.

Capítulo 5

Los errores como oportunidades

Fomentar una mentalidad de crecimiento

Los errores son una parte natural de la vida. Todos los cometemos. Si comete un error, eso no lo convierte en una mala persona; lo hace humano. **Un dato interesante: los errores desempeñan un papel importante en el desarrollo cerebral.**

Existen errores de todas las formas y tamaños. Pueden ser estresantes, frustrantes e incluso muy dolorosos. Lo importante es que, cuando se está dispuesto a aprender de ellos, los errores pueden convertirse en lecciones valiosas. A veces, los niños se preocupan tanto por no equivocarse que dejan de intentar hacer cosas nuevas. Cuando se rinden, pierden oportunidades de aprender y desarrollar sus habilidades cognitivas.

Tómese un momento para reflexionar sobre sus errores del pasado, teniendo en cuenta la siguiente evaluación (también disponible en los recursos digitales).

 Evaluación parental de errores

¿Cuáles son algunos de los errores que cometió en su juventud?

¿Cómo se manejaban los errores cuando usted era joven?

¿Qué error reciente le ha dejado una enseñanza?

Mentalidad de crecimiento

Tener una mentalidad de crecimiento significa ver los desafíos y los errores como oportunidades para aprender y mejorar. Fomentar en su hijo o hija una mentalidad de crecimiento le ayuda a enfrentar los desafíos y aprender de los errores. Al mostrarle que, con trabajo y dedicación, puede desarrollar sus habilidades, se volverá más resiliente. Esto también le ayuda a correr riesgos y salir de su zona de confort, aun cuando eso produzca un poco de miedo. Cuando creemos en la posibilidad de mejorar, podemos estar más motivados.

Mentalidad fija

- Nunca comprenderé esto.
- Esto es muy difícil.
- Me rindo.
- No puedo hacerlo bien.

Mentalidad de crecimiento

- Los errores me ayudan a aprender.
- No puedo hacer esto aún.
- Puedo pedir ayuda.
- Puedo probar de otra manera.

Los ejemplos de la página siguiente son maneras sencillas de ayudar a su hijo o hija a replantear su forma de pensar, pasando de una mentalidad fija a una mentalidad de crecimiento.

El poder del "aún"

El pequeño cambio de "no puedo hacerlo" a "no puedo hacerlo AÚN" le recuerda a los niños que todavía tienen abierta la puerta para aprender habilidades. Les ayuda a recordar que pueden desarrollarse con práctica y esfuerzo.

Cinco formas de manejar los errores

Estas son algunas formas de reaccionar cuando sucede un error. Es bueno que usted también aplique estas estrategias para servir como modelo para su hijo o hija.

1. Hacerlo de nuevo

Rehacer algo es una gran forma de decir: "intentémoslo otra vez". Cuando sea posible, bríndele a su hijo o hija la posibilidad de volver a a intentarlo después de cometer un error.

2. Hacerse cargo

Ayude a su hijo o hija a hacerse responsable de los errores que haya cometido y de lo que ha aprendido a partir de ellos.

3. Felicitar

Anime y felicite a los niños cuando admitan sus errores. Celebre su esfuerzo y su valentía para afrontar los desafíos.

4. Reparar

Enseñe a su hijo o hija cómo disculparse cuando sus errores afecten a los demás.

> La anticipación de que se va a superar un desafío puede llevar a la liberación de dopamina, un neurotransmisor que está asociado con el placer.

5. Reestructurar

Ayude a los niños a ver el lado positivo de equivocarse. Ayúdelos a ver el valor de cometer errores y aprender de ellos.

Pros y contras

Una gran parte del desarrollo y del proceso de aprendizaje es ayudar a los niños a tomar decisiones responsables. La siguiente actividad le ayudará a hablar con su hijo o hija sobre los pros y los contras de tomar una decisión. Escriba una pregunta o una situación en la parte superior de una tabla. Luego, haga una lista de las ventajas de tomar esa decisión en la columna de "los pros". Haga lo mismo con las desventajas en la columna de "los contras". Use la tabla como una ayuda visual para hablar sobre las diferentes opciones y llegar a una decisión. Aquí hay un ejemplo: "Pruebas para el equipo de baloncesto".

Pruebas para el equipo de baloncesto

Pros	Contras
Aprender nuevas habilidades	Apenarme si no formo parte del equipo
Hacer ejercicio con regularidad	Tener menos tiempo libre después de la escuela
Jugar en un equipo	Lastimarme durante el juego
Hacer nuevos amigos	

En nuestra vida diaria, es normal cometer errores y aprender a tomar buenas decisiones. A menudo, el cerebro humano tiende a afligirse por los errores o a hacerlos parecer más grandes de lo que son. Una mentalidad de crecimiento ayuda a reducir estas tendencias. Además, este tipo de mentalidad es importante para el éxito de los niños, ya que fomenta la resiliencia y la perseverancia. Al apoyar y guiar a su hijo o hija, usted puede ayudar a desarrollar una mentalidad de crecimiento, lo que repercutirá positivamente en su rendimiento académico y en su bienestar emocional.

Capítulo 6

El uso de la tecnología

Ayudar a los niños con las pantallas y los dispositivos

Nadie tiene una relación perfecta con el tiempo que pasa frente a las pantallas. No se trata de juzgar. La tecnología nos rodea, ya sean teléfonos móviles, relojes inteligentes, tabletas o televisores. Esto puede hacer que el manejo del tiempo que los niños pasan frente a la pantalla sea una batalla constante. Y no se trata solo de prestar atención a cuánto tiempo están mirando las pantallas, sino a *qué* están viendo.

El primer paso para manejar la forma en que su hijo o hija usa la tecnología es hacerlo con usted mismo. Cuando los padres dan un buen ejemplo del uso responsable de la tecnología, es más probable que los hijos hagan lo mismo. Complete la "Evaluación parental del tiempo frente a la pantalla" que se encuentra en la página siguiente (también disponible en los recursos digitales) para ver cómo está relacionándose con la tecnología.

> Una de las últimas partes del cerebro en madurar es el córtex prefrontal, que es responsable de la toma de decisiones y el control de los impulsos. Este se desarrolla completamente entre los veinticinco y los treinta años de edad. Esto puede hacer que, para los niños y adolescentes, sea todo un desafío controlar la necesidad de estar continuamente viendo, jugando o interactuando con el contenido digital.

Evaluación parental del tiempo frente a la pantalla

¿Cuánto tiempo al día pasa frente a la pantalla?

¿Siente que tiene un balance saludable en el tiempo de pantalla?

¿Qué le gustaría cambiar con respecto a su uso del tiempo frente a la pantalla?

Diez consejos para manejar el tiempo frente a la pantalla

1. Diga el "por qué"

La tecnología no es nuestra enemiga. Alcanza con ayudar a su hijo o hija a encontrar el balance adecuado entre el tiempo de pantalla y otras actividades. **Los niños responden mejor a las reglas y las restricciones cuando comprenden cuáles son las razones para implementarlas.** Hable con su hijo o hija sobre la importancia de manejar el tiempo frente a la pantalla y por qué es beneficioso. Al implementar reglas con respecto al tiempo frente a las pantallas, involucre a toda la familia para que todos se sientan parte. También es una buena idea revisar las reglas u objetivos de vez en cuando para asegurarse de que todos estén de acuerdo.

2. Dé el ejemplo

Como padre o madre, usted es el primer y más importante docente para su hijo o hija. Los niños observan cómo interactúan los adultos con la tecnología, así como lo hacen con todo lo demás. Cuando ven que los adultos siguen las reglas, es más probable que hagan lo mismo. Los límites saludables comienzan dando un buen ejemplo.

Cultivando el bienestar de su hijo • Primaria inicial

3. Haga que sea un esfuerzo en equipo

Cuando los niños empiecen a usar dispositivos, necesitarán de su ayuda y de su supervisión. No deberían estar conectados a internet por su cuenta porque es muy fácil que se encuentren con cuestiones que son inapropiadas o peligrosas. Ponga atención a los sitios y aplicaciones que estén usando. Vean cosas juntos. Involucrarse en el uso de los dispositivos desde la primera infancia ayudará a sentar las bases para la orientación que su hijo o hija necesitará en las redes sociales cuando sea mayor.

4. Establezca las expectativas

Establezca acuerdos claros con su hijo o hija respecto del tiempo que tiene permitido frente a la pantalla. Ser claro y consistente va a hacerle la vida más fácil a todos. Probablemente, al comienzo haya un poco de resistencia, pero con el tiempo se volverá más fácil. Si los niños están acostumbrados a pasar mucho tiempo frente a las pantallas, puede empezar con pequeños cambios. Vaya de a poco.

5. Tenga una rutina

Las rutinas le dan a los niños una sensación de control y les ayudan a saber qué hacer y cuándo hacerlo. Los niños se sienten más confiados y seguros cuando saben qué es lo que viene. Por ejemplo, podría permitirle a su hijo o hija establecer la cantidad máxima de tiempo frente a la pantalla para después de la escuela, pero la hora de la cena debería ser una zona libre de pantallas.

6. Cree zonas libres de pantallas

Estas zonas pueden ser horarios o lugares. Se pueden establecer como zonas libres de pantallas la mesa para cenar o la hora antes de ir a dormir. También es útil que los dispositivos estén fuera del alcance para que los niños no los tengan en mente durante los horarios libres de pantallas. Además, puede probar guardar todos los dispositivos tecnológicos de los niños en el mismo lugar, después de que los entreguen a la hora de dormir.

7. Prepare el cierre

Imagine que está en el medio del envío de un mensaje de texto importante y alguien le saca el teléfono de las manos. Así es como lo sienten los niños cuando los padres apagan sus dispositivos sin darles un tiempo de transición. Brinde un tiempo para que cierren sus aplicaciones y juegos, para que puedan terminar lo que están haciendo y guardar su progreso.

8. Use controles parentales

Cada aplicación o dispositivo tiene configuraciones de control parental, diseñadas para supervisar o limitar el acceso a los niños. Sin embargo, los controles parentales no son perfectos y requieren involucrarse de forma activa. A menudo, los niños pueden sortear estas configuraciones. Para obtener los mejores resultados con la seguridad en línea, combine los controles parentales con una comunicación abierta.

9. Ofrezca alternativas

Los niños se benefician al tener una diversidad de experiencias en línea y fuera de línea. Un manejo saludable del tiempo frente a las pantallas involucra priorizar las experiencias y los vínculos de la vida real por sobre las experiencias en línea. Es importante tener una actividad alternativa al momento de pedirle a su hijo o hija que deje de usar su dispositivo. Después de que se termine el tiempo de uso de la tecnología, pueden compartir otras opciones, como jugar al aire libre, hacer un rompecabezas o cocinar. También puede dejar que se aburra: es bueno para su cerebro.

10. Priorice la calidad

El contenido puede variar en cuanto a la calidad. Algunos contenidos pueden ser útiles para el aprendizaje y el desarrollo; otros pueden ser dañinos. Verifique las calificaciones en cuanto a edad y contenido para asegurarse de que sea apropiado. Conversen sobre cada aplicación y tengan una comunicación clara sobre qué sitios están permitidos. Esto será útil para que su hijo o hija tome mejores decisiones.

Mantener la seguridad en línea

Estas son algunas de las cosas que puede enseñar a su hijo o hija para que esté en línea de la forma más segura posible.

Política de puertas abiertas. No puede controlar a su hijo o hija todo el tiempo, por lo que una de las mejores herramientas para mantener la seguridad es saber que puede acudir a usted con cualquier duda o pregunta sobre lo que encuentre en línea.

Pensar antes de publicar. Explique que, una vez que algo se publica en línea, generalmente no puede borrarse ni eliminarse por completo. Su hijo o hija no debería publicar nada que no quiera que vean sus padres, maestros o futuros empleadores.

Mantener la privacidad. Recuérdele que debe evitar compartir información personal. Nunca debe publicar datos como números de teléfono, direcciones, su ubicación actual o fotos de donde vive.

Nada de extraños. Dígale que ignore los mensajes o solicitudes por parte de desconocidos. Solo debería chatear con personas que conozca.

Mantener el control de las contraseñas. Su hijo o hija solo debería compartir las contraseñas con los miembros de la familia.

No morder el anzuelo. Los niños no deberían hacer clic en enlaces, abrir archivos adjuntos o aceptar regalos de origen desconocido.

> El desarrollo cerebral es más efectivo cuando los niños tienen experiencias tanto en línea como en el mundo real, lo que crea oportunidades para que su mente explore libremente.

Cuestiones de salud mental

Es innegable la atracción de la tecnología y, en muchos casos, puede ser sumamente adictiva. Los adultos pueden tener dificultades con sus hábitos relacionados con la tecnología. Para los jóvenes, los desafíos pueden ser aún mayores debido a la etapa de desarrollo en la que se encuentran. Por ese motivo, se debe considerar el impacto en la salud mental que pueden causar los teléfonos y las redes sociales antes de dejar que los niños se involucren.

Redes sociales y autoestima

Entre los jóvenes, el uso de los teléfonos inteligentes y las redes sociales puede generar sentimientos de soledad y de baja autoestima. A medida que el uso de las redes sociales ha aumentado, también lo ha hecho la ansiedad, la depresión y la angustia entre los niños y los adolescentes.

Esto puede ser particularmente preocupante para los jóvenes, ya que la preadolescencia y la adolescencia son etapas de vulnerabilidad. Sienten la necesidad de encajar, de ser aceptados por sus pares y de comprender cuál es su lugar en el mundo. El anhelo de tener una respuesta positiva puede crear un ciclo vicioso de publicar en las redes sociales con la esperanza de obtener más "me gusta" y mayor validación.

Las redes sociales suelen afectar en forma negativa la manera en que los jóvenes se autoperciben, debido a su tendencia natural a compararse con los demás. Las redes sociales, así como las distintas aplicaciones, filtros y publicidades pueden crear o mostrar falsas imágenes de belleza. La exposición a estas redes por parte de niños y adolescentes suele crear el deseo de cambiar su apariencia (como su rostro, cabello o piel), aumentar la preocupación por su imagen corporal y fomentar desórdenes en la alimentación.

Redes sociales, juegos y desarrollo social

Las redes sociales también pueden intensificar un sentimiento de envidia y miedo a perderse de algo (FOMO, por sus siglas en inglés). Esto sucede cuando los jóvenes ven a sus pares o a los *influencers* retratar un determinado estilo de vida o resaltar solamente las situaciones fabulosas que experimentan en sus vidas. Esto conduce a un mayor estrés, y los jóvenes pueden confundirse al creer que las demás personas que están en las redes son mejores que ellos, aun cuando este no sea el caso.

Cuando los niños pasan más tiempo frente a las pantallas, pasan menos tiempo con sus pares y familiares. Las actividades que no están basadas en el uso de pantallas, como los deportes, socializar, hacer las tareas escolares, leer libros e incluso realizar quehaceres domésticos, son fundamentales para el desarrollo del cerebro y para estimular la creatividad y la actividad física. Estas actividades "libres de pantallas" protegen contra los efectos potencialmente negativos de estar mucho tiempo frente a los dispositivos.

Si bien muchas aplicaciones y plataformas de redes sociales intentan controlar el contenido inapropiado, no existe una forma efectiva en la que se pueda verificar todo el contenido. Por eso, es importante comprender que, cada vez que los niños están en las redes sociales, jugando o en otras plataformas basadas en internet, pueden estar expuestos a información inapropiada para su edad.

Ciberacoso

El ciberacoso es cuando alguien usa la tecnología para acosar, amenazar o avergonzar a otra persona. Puede ocurrir en cualquier plataforma de red social, mensajería, aplicación o página web que tenga un componente social, o en cualquier videojuego grupal. El ciberacoso podría ser un comentario, un texto o una publicación que se haga con maldad o cause un daño. También puede ser menos obvio, como la publicación de información personal, videos o imágenes con el objetivo de avergonzar a otra persona. Puede que, para acosar a otros, los responsables creen cuentas o nombres de usuario falsos. Si son víctimas del ciberacoso, los niños y los adolescentes pueden ver afectada su autoestima, perder interés en la escuela, sacar malas notas y sufrir ansiedad y depresión.

> Las redes sociales, las aplicaciones e incluso el correo electrónico están diseñados para crear un sistema de recompensas en el cerebro, similar a una máquina tragamonedas. Las notificaciones y actualizaciones constantes disparan en el cerebro una respuesta de dopamina, lo que contribuye al deseo de seguir conectado a las plataformas.

SEÑALES DE QUE SU HIJO O HIJA PUEDE ESTAR SIENDO VÍCTIMA DE CIBERACOSO

- Actúa de manera muy sensible después de usar un dispositivo.
- Elimina sus cuentas de las redes sociales.
- Experimenta cambios drásticos de estado de ánimo.
- Muestra nerviosismo al recibir mensajes de texto o notificaciones.
- Se aísla de la familia o de los grupos de amigos.

QUÉ HACER SI SU HIJO O HIJA EXPERIMENTA CIBERACOSO

- Bríndele consuelo y explíquele que no es su culpa.
- Denuncie la situación ante la policía, la escuela o en la plataforma en donde está teniendo lugar el ciberacoso.
- Bloquee al acosador.
- Busque ayuda por fuera de ese entorno, por ejemplo con profesionales de la salud o consejeros escolares.
- Ayude a controlar el estrés proponiendo actividades divertidas.

QUÉ HACER SI SU HIJO O HIJA PARTICIPA EN UN CIBERACOSO

- Reconozca la situación y tome las medidas necesarias para que cese el ciberacoso.
- Permanezca tranquilo.
- Mantenga un canal abierto de comunicación con su hijo o hija.
- Hágale preguntas para comprender cuál es el origen del problema.
- Ayúdele a comprender cómo puede sentirse la persona que está siendo acosada.

Acuerdos con la tecnología

Una cuestión que puede ayudar en las conversaciones sobre pautas tecnológicas es llegar a un acuerdo. Como en cualquier acuerdo, la idea principal es trabajar juntos y estar abiertos a recibir aportes cuando se plantee la idea. Para comenzar, revise el acuerdo de ejemplo que se encuentra en la página siguiente. En los recursos digitales, hay una versión disponible para completar. Y recuerde: aun cuando su hijo o hija ya tenga un dispositivo, nunca es tarde para poner límites y establecer reglas que le brinden apoyo en su seguridad y en su salud mental.

Ejemplo de acuerdo con la tecnología

Límites de tiempo

- ☑ Yo, __Leo__, acuerdo con las siguientes reglas para el uso seguro de la tecnología.
- ☑ Apagaré los dispositivos __1__ hora antes de ir a la cama.
- ☑ Tengo permitida __1__ hora por día frente a la pantalla.

Contenido y uso compartido

Aplicaciones y sitios que puedo usar: __Khan Academy y National Geographic Kids__

Aplicaciones y sitios que no puedo usar: __YouTube__

Videojuegos a los que puedo jugar en casa o en otras casas: __Just Dance y Animal Crossing: New Horizons__

Seguridad

- ☑ Antes de descargar algo, le preguntaré a un adulto.

Consecuencias

Comprendo que, si rompo este acuerdo, tendré las siguientes consecuencias: __No podré usar dispositivos electrónicos durante una semana.__

Firma del niño: __Leo__

Firma de la madre: __Jane Doe__

La tecnología es parte de la vida, tanto para los adultos como para los niños. Lleva tiempo, práctica y paciencia aprender a manejar toda la tecnología que le interesa a su hijo o hija. No tenga dudas de que usted tiene todo lo necesario para ayudarle a desarrollar una relación sana con la tecnología.

Estamos a su lado en el camino de cultivar el bienestar social y emocional de su hijo o hija. Cuando se trata de la crianza, no hay un enfoque único que abarque todos los casos. Dé un paso a la vez y elija sus actividades preferidas. Por último, pero por supuesto no menos importante: ¡trátese bien durante el proceso!

Acceso a los recursos digitales

Descargue los formularios reproducibles de este libro en **freespirit.com/nurture-ee-es**.

Acerca de las autoras

Trisha DiFazio, M.A.T., es autora, consultora en educación y guionista profesional. Con más de dos décadas de trabajo dedicado en el ámbito de la educación, aporta una gran experiencia, habiéndose desempeñado como maestra de aula y profesora adjunta en la Universidad del Sur de California. Tiene una maestría en enseñanza de National Louis University, una certificación en enseñanza de inglés como segunda lengua (ESL Endorsement) de Dominican University y una certificación internacional en TEFL. Trisha es una persona apasionada por empoderar a las personas y a las organizaciones a través del aprendizaje socioemocional y la conciencia plena.

Allison Roeser, M.H.S, P.C.C., es autora, asesora de liderazgo y consultora en educación especializada en aprendizaje socioemocional. Tiene más de dos décadas de experiencia trabajando con líderes en educación, bienestar infantil y cambio social. Allison tiene una maestría en ciencias de la salud de la Universidad Johns Hopkins y una certificación de coach profesional de la International Coach Federation. Anteriormente, Allison se desempeñó como subdirectora en Westat, una organización de investigación donde dirigió estudios enfocados en la salud y la educación.

Trisha y Allison son coautoras de *Social-Emotional Learning Starts with Us: Empowering Teachers to Support Students* [El aprendizaje socioemocional comienza con nosotros: empoderando a los docentes para apoyar a los estudiantes]. Además, son cofundadoras de SEL&Beyond, una organización dedicada a proporcionar desarrollo profesional atractivo, inspirador y divertido.